<table>
<tr><td colspan="2" align="center">Informations personnelles:</td></tr>
<tr><td>Nom:</td><td>Date de naissance:</td></tr>
<tr><td colspan="2">Adresse:</td></tr>
<tr><td colspan="2"></td></tr>
<tr><td colspan="2">Adresse d'affaires:</td></tr>
<tr><td colspan="2"></td></tr>
<tr><td colspan="2">Email:</td></tr>
<tr><td colspan="2">Téléphone mobile:</td></tr>
<tr><td colspan="2">Téléphone fixe:</td></tr>
<tr><td colspan="2">Fax:</td></tr>
</table>

AF354513

<table>
<tr><td colspan="2" align="center">Personne à contacter en cas d'urgence</td></tr>
<tr><td>Nom:</td><td>Relation:</td></tr>
<tr><td colspan="2">Adresse:</td></tr>
<tr><td colspan="2"></td></tr>
<tr><td colspan="2"></td></tr>
<tr><td colspan="2"></td></tr>
<tr><td colspan="2">Téléphone mobile:</td></tr>
<tr><td colspan="2">Téléphone fixe:</td></tr>
<tr><td colspan="2">Email:</td></tr>
</table>

Remarques

Date / Temps	Changement d'huile	Filtre à air	Pneus d'équilibre	Alignement des roues	Filtre à carburant	entretien des freins	Bougies	Transmission	Balais d'essuie-glace	Batteries	Radiateur	Ceintures	Kilométrage

faire: Date d'achat:

modèle: prix d'achat :

plaque d'immatriculation: formulaire acheté :

Date/Temps	Entretien/Commentaires	Kilométrage

Remarques:

Année: _____________ Mois: _____________ Modèle: _____________

Date / Temps	Changement d'huile	Filtre à air	Pneus d'équilibre	Alignement des roues	Filtre à carburant	Entretien des freins	Bougies	Transmission	Balais d'essuie-glace	Batteries	Radiateur	Ceintures	Kilométrage

faire: Date d'achat:

modèle: prix d'achat :

plaque d'immatriculation: formulaire acheté :

Date/Temps	Entretien/Commentaires	Kilométrage

Remarques:

Année: ___________ **Mois:** ___________ **Modèle:** ___________

Date / Temps	Changement d'huile	Filtre à air	Pneus d'équilibre	Alignement des roues	Filtre à carburant	entretien des freins	Bougies	Transmission	Balais d'essuie-glace	Batteries	Radiateur	Ceintures	Kilométrage

faire: _______________________   Date d'achat: _______________________

modèle: _______________________   prix d'achat : _______________________

plaque d'immatriculation: _______________________   formulaire acheté : _______________________

Date/Temps	Entretien/Commentaires	Kilométrage

Remarques:

____

____

____

____

____

____

Année: _______________ Mois: _______________ Modèle: _______________

Date / Temps	Changement d'huile	Filtre à air	Pneus d'équilibre	Alignement des roues	Filtre à carburant	Entretien des freins	Bougies	Transmission	Balais d'essuie-glace	Batteries	Radiateur	Ceintures	Kilométrage

faire: _______________________   Date d'achat: _______________________

modèle: _______________________   prix d'achat : _______________________

plaque d'immatriculation: _______________________   formulaire acheté : _______________________

Date/Temps	Entretien/Commentaires	Kilométrage

Remarques:

____

____

____

____

____

____

Année: __________ Mois: __________ Modèle: __________

Date / Temps	Changement d'huile	Filtre à air	Pneus d'équilibre	Alignement des roues	Filtre à carburant	entretien des freins	Bougies	Transmission	Balais d'essuie-glace	Batteries	Radiateur	Ceintures	Kilométrage

faire: _______________________   Date d'achat: _______________________

modèle: _______________________   prix d'achat : _______________________

plaque d'immatriculation: _______________________   formulaire acheté : _______________________

Date/Temps	Entretien/Commentaires	Kilométrage

Remarques:

____

____

____

____

____

____

Année: _________ **Mois:** _________ **Modèle:** _________

Date / Temps	Changement d'huile	Filtre à air	Pneus d'équilibre	Alignement des roues	Filtre à carburant	Entretien des freins	Bougies	Transmission	Balais d'essuie-glace	Batteries	Radiateur	Ceintures	Kilométrage

faire: _______________________ Date d'achat: _______________________

modèle: _______________________ prix d'achat : _______________________

plaque d'immatriculation: _______________________ formulaire acheté : _______________________

Date/Temps	Entretien/Commentaires	Kilométrage

Remarques:

____

____

____

____

____

____

Année: _____________   Mois: _____________   Modèle: _____________

Date / Temps	Changement d'huile	Filtre à air	Pneus d'équilibre	Alignement des roues	Filtre à carburant	Entretien des freins	Bougies	Transmission	Balais d'essuie-glace	Batteries	Radiateur	Ceintures	Kilométrage

faire: Date d'achat:

modèle: prix d'achat :

plaque d'immatriculation: formulaire acheté :

Date/Temps	Entretien/Commentaires	Kilométrage

Remarques:

Date / Temps	Changement d'huile	Filtre à air	Pneus d'équilibre	Alignement des roues	Filtre à carburant	Entretien des freins	Bougies	Transmission	Balais d'essuie-glace	Batteries	Radiateur	Ceintures	Kilométrage

faire: _______________________   Date d'achat: _______________________

modèle: _______________________   prix d'achat : _______________________

plaque d'immatriculation: _______________________   formulaire acheté : _______________________

Date/Temps	Entretien/Commentaires	Kilométrage

Remarques:

____

____

____

____

____

____

____

Année: _______ Mois: _______ Modèle: _______

Date / Temps	Changement d'huile	Filtre à air	Pneus d'équilibre	Alignement des roues	Filtre à carburant	Entretien des freins	Bougies	Transmission	Balais d'essuie-glace	Batteries	Radiateur	Ceintures	Kilométrage

faire: Date d'achat:

modèle: prix d'achat :

plaque d'immatriculation: formulaire acheté :

Date/Temps	Entretien/Commentaires	Kilométrage

Remarques:

Date / Temps	Changement d'huile	Filtre à air	Pneus d'équilibre	Alignement des roues	Filtre à carburant	Entretien des freins	Bougies	Transmission	Balais d'essuie-glace	Batteries	Radiateur	Ceintures	Kilométrage

faire: _______________________   Date d'achat: _______________________

modèle: _______________________   prix d'achat : _______________________

plaque d'immatriculation: _______________________   formulaire acheté : _______________________

Date/Temps	Entretien/Commentaires	Kilométrage

Remarques:

____

____

____

____

____

____

Année: ___________ Mois: ___________ Modèle: ___________

Date / Temps	Changement d'huile	Filtre à air	Pneus d'équilibre	Alignement des roues	Filtre à carburant	Entretien des freins	Bougies	Transmission	Balais d'essuie-glace	Batteries	Radiateur	Ceintures	Kilométrage

faire: ______________________________ Date d'achat: ______________________________

modèle: ______________________________ prix d'achat : ______________________________

plaque d'immatriculation: ______________________________ formulaire acheté : ______________________________

Date/Temps	Entretien/Commentaires	Kilométrage

Remarques:

____

____

____

____

____

____

Date / Temps	Changement d'huile	Filtre à air	Pneus d'équilibre	Alignement des roues	Filtre à carburant	Entretien des freins	Bougies	Transmission	Balais d'essuie-glace	Batteries	Radiateur	Ceintures	Kilométrage

Date / Temps	Changement d'huile	Filtre à air	Pneus d'équilibre	Alignement des roues	Filtre à carburant	Entretien des freins	Bougies	Transmission	Balais d'essuie-glace	Batteries	Radiateur	Ceintures	Kilométrage

faire: Date d'achat:

modèle: prix d'achat :

plaque d'immatriculation: formulaire acheté :

Date/Temps	Entretien/Commentaires	Kilométrage

Remarques:

____

____

____

____

____

____

____

Date / Temps	Changement d'huile	Filtre à air	Pneus d'équilibre	Alignement des roues	Filtre à carburant	Entretien des freins	Bougies	Transmission	Balais d'essuie-glace	Batteries	Radiateur	Ceintures	Kilométrage

faire:

Date d'achat:

modèle:

prix d'achat :

plaque d'immatriculation:

formulaire acheté :

Date/Temps	Entretien/Commentaires	Kilométrage

Remarques:

Année: ________ **Mois:** ________ **Modèle:** ________

Date / Temps	Changement d'huile	Filtre à air	Pneus d'équilibre	Alignement des roues	Filtre à carburant	Entretien des freins	Bougies	Transmission	Balais d'essuie-glace	Batteries	Radiateur	Ceintures	Kilométrage

faire: __________________________ Date d'achat: __________________________

modèle: __________________________ prix d'achat : __________________________

plaque d'immatriculation: __________________________ formulaire acheté : __________________________

Date/Temps	Entretien/Commentaires	Kilométrage

Remarques:

____

____

____

____

____

____

Année: _______ Mois: _______ Modèle: _______

Date / Temps	Changement d'huile	Filtre à air	Pneus d'équilibre	Alignement des roues	Filtre à carburant	Entretien des freins	Bougies	Transmission	Balais d'essuie-glace	Batteries	Radiateur	Ceintures	Kilométrage

faire: Date d'achat:

modèle: prix d'achat :

plaque d'immatriculation: formulaire acheté :

Date/Temps	Entretien/Commentaires	Kilométrage

Remarques:

Année: _____________ Mois: _____________ Modèle: _____________

Date / Temps	Changement d'huile	Filtre à air	Pneus d'équilibre	Alignement des roues	Filtre à carburant	Entretien des freins	Bougies	Transmission	Balais d'essuie-glace	Batteries	Radiateur	Ceintures	Kilométrage

faire: ___________________________   Date d'achat: ___________________________

modèle: ___________________________   prix d'achat : ___________________________

plaque d'immatriculation: ___________________________   formulaire acheté : ___________________________

Date/Temps	Entretien/Commentaires	Kilométrage

Remarques:

____

____

____

____

____

____

Année: __________ Mois: __________ Modèle: __________

Date / Temps	Changement d'huile	Filtre à air	Pneus d'équilibre	Alignement des roues	Filtre à carburant	Entretien des freins	Bougies	Transmission	Balais d'essuie-glace	Batteries	Radiateur	Ceintures	Kilométrage

faire: _______________________   Date d'achat: _______________________

modèle: _______________________   prix d'achat : _______________________

plaque d'immatriculation: _______________________   formulaire acheté : _______________________

Date/Temps	Entretien/Commentaires	Kilométrage

Remarques:

____

____

____

____

____

____

Année: ___________   Mois: ___________   Modèle: ___________

Date / Temps	Changement d'huile	Filtre à air	Pneus d'équilibre	Alignement des roues	Filtre à carburant	Entretien des freins	Bougies	Transmission	Balais d'essuie-glace	Batteries	Radiateur	Ceintures	Kilométrage

faire: _______________________   Date d'achat: _______________________

modèle: _______________________   prix d'achat : _______________________

plaque d'immatriculation: _______________________   formulaire acheté : _______________________

Date/Temps	Entretien/Commentaires	Kilométrage

Remarques:

____

____

____

____

____

____

Année: __________ Mois: __________ Modèle: __________

Date/Temps	Changement d'huile	Filtre à air	Pneus d'équilibre	Alignement des roues	Filtre à carburant	Entretien des freins	Bougies	Transmission	Balais d'essuie-glace	Batteries	Radiateur	Ceintures	Kilométrage

faire: Date d'achat:

modèle: prix d'achat :

plaque d'immatriculation: formulaire acheté :

Date/Temps	Entretien/Commentaires	Kilométrage

Remarques:

Année: _____________ Mois: _____________ Modèle: _____________

Date / Temps	Changement d'huile	Filtre à air	Pneus et équilibre	Alignement des roues	Filtre à carburant	Entretien des freins	Bougies	Transmission	Balais d'essuie-glace	Batteries	Radiateur	Ceintures	Kilométrage

faire: _______________   Date d'achat: _______________

modèle: _______________   prix d'achat : _______________

plaque d'immatriculation: _______________   formulaire acheté : _______________

Date/Temps	Entretien/Commentaires	Kilométrage

Remarques:

____

____

____

____

____

____

Année: _______________ Mois: _______________ Modèle: _______________

Date / Temps	Changement d'huile	Filtre à air	Pneus d'équilibre	Alignement des roues	Filtre à carburant	Entretien des freins	Bougies	Transmission	Balais d'essuie-glace	Batteries	Radiateur	Ceintures	Kilométrage

faire: _______________________ Date d'achat: _______________________

modèle: _______________________ prix d'achat : _______________________

plaque d'immatriculation: _______________________ formulaire acheté : _______________________

Date/Temps	Entretien/Commentaires	Kilométrage

Remarques:

____

____

____

____

____

____

Année: ___________ Mois: ___________ Modèle: ___________

Date / Temps	Changement d'huile	Filtre à air	Pneus d'équilibre	Alignement des roues	Filtre à carburant	Entretien des freins	Bougies	Transmission	Balais d'essuie-glace	Batteries	Radiateur	Ceintures	Kilométrage

faire: _______________________   Date d'achat: _______________________

modèle: _______________________   prix d'achat : _______________________

plaque d'immatriculation: _______________________   formulaire acheté : _______________________

Date/Temps	Entretien/Commentaires	Kilométrage

Remarques:

____

____

____

____

____

____

Année: ________ Mois: ________ Modèle: ________

Date / Temps	Changement d'huile	Filtre à air	Pneus d'équilibre	Alignement des roues	Filtre à carburant	Entretien des freins	Bougies	Transmission	Balais d'essuie-glace	Batteries	Radiateur	Ceintures	Kilométrage

faire: Date d'achat:

modèle: prix d'achat :

plaque d'immatriculation: formulaire acheté :

Date/Temps	Entretien/Commentaires	Kilométrage

Remarques:

Date / Temps	Changement d'huile	Filtre à air	Pneus d'équilibre	Alignement des roues	Filtre à carburant	Entretien des freins	Bougies	Transmission	Balais d'essuie-glace	Batteries	Radiateur	Ceintures	Kilométrage

faire: Date d'achat:

modèle: prix d'achat :

plaque d'immatriculation: formulaire acheté :

Date/Temps	Entretien/Commentaires	Kilométrage

Remarques:

Année: _____________ Mois: _____________ Modèle: _____________

Date / Temps	Changement d'huile	Filtre à air	Pneus d'équilibre	Alignement des roues	Filtre à carburant	entretien des freins	Bougies	Transmission	Balais d'essuie-glace	Batteries	Radiateur	Ceintures	Kilométrage

faire: _______________________________   Date d'achat: _______________________________

modèle: _______________________________   prix d'achat : _______________________________

plaque d'immatriculation: _______________________________   formulaire acheté : _______________________________

Date/Temps	Entretien/Commentaires	Kilométrage

Remarques:

____

____

____

____

____

____

Année: __________ Mois: __________ Modèle: __________

Date / Temps	Changement d'huile	Filtre à air	Pneus d'équilibre	Alignement des roues	Filtre à carburant	entretien des freins	Bougies	Transmission	Balais d'essuie-glace	Batteries	Radiateur	Ceintures	Kilométrage

faire: ___________________   Date d'achat: ___________________

modèle: ___________________   prix d'achat : ___________________

plaque d'immatriculation: ___________________   formulaire acheté : ___________________

Date/Temps	Entretien/Commentaires	Kilométrage

Remarques:

____

____

____

____

____

____

Année: _________ Mois: _________ Modèle: _________

Date / Temps	Changement d'huile	Filtre à air	Pneus d'équilibre	Alignement des roues	Filtre à carburant	Entretien des freins	Bougies	Transmission	Balais d'essuie-glace	Batteries	Radiateur	Ceintures	Kilométrage

faire: ______________________________   Date d'achat: ______________________________

modèle: ______________________________   prix d'achat : ______________________________

plaque d'immatriculation: ______________________________   formulaire acheté : ______________________________

Date/Temps	Entretien/Commentaires	Kilométrage

Remarques:

____

____

____

____

____

____

Année: _________ Mois: _________ Modèle: _________

Date / Temps	Changement d'huile	Filtre à air	Pneus d'équilibre	Alignement des roues	Filtre à carburant	Entretien des freins	Bougies	Transmission	Balais d'essuie-glace	Batteries	Radiateur	Ceintures	Kilométrage

faire: Date d'achat:

modèle: prix d'achat :

plaque d'immatriculation: formulaire acheté :

Date/Temps	Entretien/Commentaires	Kilométrage

Remarques:

Année: _____________   **Mois:** _____________   **Modèle:** _____________

Date / Temps	Changement d'huile	Filtre à air	Pneus d'équilibre	Alignement des roues	Filtre à carburant	Entretien des freins	Bougies	Transmission	Balais d'essuie-glace	Batteries	Radiateur	Ceintures	Kilométrage

faire: _______________________   Date d'achat: _______________________

modèle: _______________________   prix d'achat : _______________________

plaque d'immatriculation: _______________________   formulaire acheté : _______________________

Date/Temps	Entretien/Commentaires	Kilométrage

Remarques:

____

____

____

____

____

____

Date / Temps	Changement d'huile	Filtre à air	Pneus d'équilibre	Alignement des roues	Filtre à carburant	Entretien des freins	Bougies	Transmission	Balais d'essuie-glace	Batteries	Radiateur	Ceintures	Kilométrage

faire: _______________________   Date d'achat: _______________________

modèle: _______________________   prix d'achat : _______________________

plaque d'immatriculation: _______________________   formulaire acheté : _______________________

Date/Temps	Entretien/Commentaires	Kilométrage

Remarques:

____

____

____

____

____

____

<table>
<tr><td rowspan="2">Date / Temps</td><td>Changement d'huile</td><td>Filtre à air</td><td>Pneus d'équilibre</td><td>Alignement des roues</td><td>Filtre à carburant</td><td>entretien des freins</td><td>Bougies</td><td>Transmission</td><td>Balais d'essuie-glace</td><td>Batteries</td><td>Radiateur</td><td>Ceintures</td><td rowspan="2">Kilométrage</td></tr>
<tr><td></td><td></td><td></td><td></td><td></td><td></td><td></td><td></td><td></td><td></td><td></td><td></td></tr>
</table>

Année: _________ Mois: _________ Modèle: _________

faire: _______________________   Date d'achat: _______________________

modèle: _______________________   prix d'achat : _______________________

plaque d'immatriculation: _______________________   formulaire acheté : _______________________

Date/Temps	Entretien/Commentaires	Kilométrage

Remarques:

____

____

____

____

____

____

____

Année: _____________ Mois: _____________ Modèle: _____________

Date / Temps	Changement d'huile	Filtre à air	Pneus d'équilibre	Alignement des roues	Filtre à carburant	Entretien des freins	Bougies	Transmission	Balais d'essuie-glace	Batteries	Radiateur	Ceintures	Kilométrage

faire: ___________________ Date d'achat: ___________________

modèle: ___________________ prix d'achat : ___________________

plaque d'immatriculation: ___________________ formulaire acheté : ___________________

Date/Temps	Entretien/Commentaires	Kilométrage

Remarques:

____

____

____

____

____

____

Date / Temps	Changement d'huile	Filtre à air	Pneus d'équilibre	Alignement des roues	Filtre à carburant	entretien des freins	Bougies	Transmission	Balais d'essuie-glace	Batteries	Radiateur	Ceintures	Kilométrage

faire: ______________________   Date d'achat: ______________________

modèle: ______________________   prix d'achat : ______________________

plaque d'immatriculation: ______________________   formulaire acheté : ______________________

Date/Temps	Entretien/Commentaires	Kilométrage

Remarques:

____

____

____

____

____

____

Année: _____________ Mois: _____________ Modèle: _____________

Date / Temps	Changement d'huile	Filtre à air	Pneus d'équilibre	Alignement des roues	Filtre à carburant	entretien des freins	Bougies	Transmission	Balais d'essuie-glace	Batteries	Radiateur	Ceintures	Kilométrage

faire: ___________________________   Date d'achat: ___________________________

modèle: ___________________________   prix d'achat : ___________________________

plaque d'immatriculation: ___________________________   formulaire acheté : ___________________________

Date/Temps	Entretien/Commentaires	Kilométrage

Remarques:

____

____

____

____

____

____

Date / Temps	Changement d'huile	Filtre à air	Pneus d'équilibre	Alignement des roues	Filtre à carburant	Entretien des freins	Bougies	Transmission	Balais d'essuie-glace	Batteries	Radiateur	Ceintures	Kilométrage

faire: _______________________   Date d'achat: _______________________

modèle: _______________________   prix d'achat : _______________________

plaque d'immatriculation: _______________________   formulaire acheté : _______________________

Date/Temps	Entretien/Commentaires	Kilométrage

Remarques:

____

____

____

____

____

____

Année: _____________ **Mois:** _____________ **Modèle:** _____________

Date / Temps	Changement d'huile	Filtre à air	Pneus d'équilibre	Alignement des roues	Filtre à carburant	entretien des freins	Bougies	Transmission	Balais d'essuie-glace	Batteries	Radiateur	Ceintures	Kilométrage
Date / Temps	Changement d'huile	Filtre à air	Pneus d'équilibre	Alignement des roues	Filtre à carburant	entretien des freins	Bougies	Transmission	Balais d'essuie-glace	Batteries	Radiateur	Ceintures	Kilométrage

faire: Date d'achat:

modèle: prix d'achat :

plaque d'immatriculation: formulaire acheté :

Date/Temps	Entretien/Commentaires	Kilométrage

Remarques:

Date / Temps	Changement d'huile	Filtre à air	Pneus d'équilibre	Alignement des roues	Filtre à carburant	Entretien des freins	Bougies	Transmission	Balais d'essuie-glace	Batteries	Radiateur	Ceintures	Kilométrage

faire: _______________________   Date d'achat: _______________________

modèle: _______________________   prix d'achat : _______________________

plaque d'immatriculation: _______________________   formulaire acheté : _______________________

Date/Temps	Entretien/Commentaires	Kilométrage

Remarques:

____

____

____

____

____

____

____

Date / Temps	Changement d'huile	Filtre à air	Pneus d'équilibre	Alignement des roues	Filtre à carburant	Entretien des freins	Bougies	Transmission	Balais d'essuie-glace	Batteries	Radiateur	Ceintures	Kilométrage

faire:

Date d'achat:

modèle:

prix d'achat :

plaque d'immatriculation:

formulaire acheté :

Date/Temps	Entretien/Commentaires	Kilométrage

Remarques:

<table>
<tr><th rowspan="2">Année: _______ Mois: _______ Modèle: _______</th></tr>
</table>

Date / Temps	Changement d'huile	Filtre à air	Pneus d'équilibre	Alignement des roues	Filtre à carburant	Entretien des freins	Bougies	Transmission	Balais d'essuie-glace	Batteries	Radiateur	Ceintures	Kilométrage

faire: Date d'achat:

modèle: prix d'achat :

plaque d'immatriculation: formulaire acheté :

Date/Temps	Entretien/Commentaires	Kilométrage

Remarques:

Année: _____________ Mois: _____________ Modèle: _____________

Date / Temps	Changement d'huile	Filtre à air	Pneus d'équilibre	Alignement des roues	Filtre à carburant	entretien des freins	Bougies	Transmission	Balais d'essuie-glace	Batteries	Radiateur	Ceintures	Kilométrage

faire: _______________________   Date d'achat: _______________________

modèle: _______________________   prix d'achat : _______________________

plaque d'immatriculation: _______________________   formulaire acheté : _______________________

Date/Temps	Entretien/Commentaires	Kilométrage

Remarques:

____

____

____

____

____

____

| Année: | Mois: | | | | | | | | | | | | Modèle: |

Date / Temps	Changement d'huile	Filtre à air	Pneus d'équilibre	Alignement des roues	Filtre à carburant	Entretien des freins	Bougies	Transmission	Balais d'essuie-glace	Batteries	Radiateur	Ceintures	Kilométrage

faire:

Date d'achat:

modèle:

prix d'achat :

plaque d'immatriculation:

formulaire acheté :

Date/Temps	Entretien/Commentaires	Kilométrage

Remarques:

Date / Temps	Changement d'huile	Filtre à air	Pneus d'équilibre	Alignement des roues	Filtre à carburant	Entretien des freins	Bougies	Transmission	Balais d'essuie-glace	Batteries	Radiateur	Ceintures	Kilométrage

faire: Date d'achat:

modèle: prix d'achat :

plaque d'immatriculation: formulaire acheté :

Date/Temps	Entretien/Commentaires	Kilométrage

Remarques:

____

____

____

____

____

____

Année: __________ Mois: __________ Modèle: __________

Date / Temps	Changement d'huile	Filtre à air	Pneus d'équilibre	Alignement des roues	Filtre à carburant	entretien des freins	Bougies	Transmission	Balais d'essuie-glace	Batteries	Radiateur	Ceintures	Kilométrage

faire: _______________________   Date d'achat: _______________________

modèle: _______________________   prix d'achat : _______________________

plaque d'immatriculation: _______________________   formulaire acheté : _______________________

Date/Temps	Entretien/Commentaires	Kilométrage

Remarques:

____

____

____

____

____

____

<table>
<tr><td colspan="14">Année: __________   Mois: __________   Modèle: __________</td></tr>
<tr>
<td rowspan="2">Date / Temps</td>
<td>Changement d'huile</td>
<td>Filtre à air</td>
<td>Pneus d'équilibre</td>
<td>Alignement des roues</td>
<td>Filtre à carburant</td>
<td>Entretien des freins</td>
<td>Bougies</td>
<td>Transmission</td>
<td>Balais d'essuie-glace</td>
<td>Batteries</td>
<td>Radiateur</td>
<td>Ceintures</td>
<td>Kilométrage</td>
</tr>
</table>

faire: _____________________ Date d'achat: _____________________

modèle: _____________________ prix d'achat : _____________________

plaque d'immatriculation: _____________________ formulaire acheté : _____________________

Date/Temps	Entretien/Commentaires	Kilométrage

Remarques:

____

____

____

____

____

____

____

Date / Temps	Changement d'huile	Filtre à air	Pneus d'équilibre	Alignement des roues	Filtre à carburant	Entretien des freins	Bougies	Transmission	Balais d'essuie-glace	Batteries	Radiateur	Ceintures	Kilométrage

faire: _______________________   Date d'achat: _______________________

modèle: _______________________   prix d'achat : _______________________

plaque d'immatriculation: _______________________   formulaire acheté : _______________________

Date/Temps	Entretien/Commentaires	Kilométrage

Remarques:

____

____

____

____

____

____

Date / Temps	Changement d'huile	Filtre à air	Pneus d'équilibre	Alignement des roues	Filtre à carburant	Entretien des freins	Bougies	Transmission	Balais d'essuie-glace	Batteries	Radiateur	Ceintures	Kilométrage

Année: _____________ Mois: _____________ Modèle: _____________

faire: _______________________   Date d'achat: _______________________

modèle: _______________________   prix d'achat : _______________________

plaque d'immatriculation: _______________________   formulaire acheté : _______________________

Date/Temps	Entretien/Commentaires	Kilométrage

Remarques:

____

____

____

____

____

____

Date / Temps	Changement d'huile	Filtre à air	Pneus d'équilibre	Alignement des roues	Filtre à carburant	entretien des freins	Bougies	Transmission	Balais d'essuie-glace	Batteries	Radiateur	Ceintures	Kilométrage

faire: ___________________________ Date d'achat: ___________________________

modèle: _________________________ prix d'achat : __________________________

plaque d'immatriculation: _______ formulaire acheté : _____________________

Date/Temps	Entretien/Commentaires	Kilométrage

Remarques:

____

____

____

____

____

____